Samuel Cameroun

Il y a une seule espérance !

Samuel Cameroun

Il y a une seule espérance !

Éditions Croix du Salut

Imprint

Cover image: www.ingimage.com

Publisher:
Éditions Croix du Salut
is a trademark of
International Book Market Service Ltd., member of OmniScriptum Publishing Group
17 Meldrum Street, Beau Bassin 71504, Mauritius
Printed at: see last page
ISBN: 978-613-7-37206-7

Dix-Huitième Etude Biblique / 27

IL YA UNE SEULE ESPERANCE !

Ephésiens 4 : 4 - 6

Pour VOUS !

Nous rappelons que la présente étude Biblique, ***" Il y a une seule Espérance ! "*** *figure dans un sous ensemble d'une série de sept messages doctrinaux fondamentaux indissociables ; tiré d'Ephésiens 4 : 4 –6. Car* Proverbes 9 : 1 « *La sagesse a bâti sa maison, Elle a taillé ses sept colonnes.* »

L'ensemble de la collection est intitulé **" Que Celui Qui Lit Fasse Attention ! Autre Bonne nouvelle ! "**. *Elle se compose de* 20 autres études bibliques, *qui la complètent. Ces études bibliques ont toutes été conçues pour votre croissance et votre édification spirituelle* **!**

La Paix de Dieu au-dedans, La joie de Christ au dehors **...**

PROLOGUE SUR LA...

Collection de la série chrétienne :
" QUE CELUI QUI LIT FASSE ATTENTION ! "
(Mathieu 24 : 15)

Au cours de notre marche spirituelle, nous aborderons les fondamentaux de la saine doctrine chrétienne qui en est la colonne et l'appui de la vérité. D'après l'apôtre Paul encourageant son fidèle compagnon dans 1 Timothée 3 : 14 – 15 il lui écrit : « *Je t'écris ces choses, avec l'espérance d'aller bientôt vers toi, mais afin que tu saches, si je tarde, comment il faut se conduire dans la maison de Dieu, qui est l'Église du Dieu vivant, la colonne et l'appui de la vérité* ». A la suite de l'apôtre Paul, les études de cette série, coupleront tout au long, les thèmes de la doctrine biblique à ceux de la prophétie, car Jésus-Christ exhortant fraternellement l'Eglise qui en est " Membre de son Corps " est toujours présent aux côtés des siens. Pour cela, les enseignements de la présente collection s'appuieront essentiellement sur les livres conjoints de la Révélation (Apocalypse), juxtaposé à celui de Daniel, pour confirmer cette bonne nouvelle du message de l'évangile. Puisque, arrivés à la fin des siècles, la doctrine évangélique, les dix commandements de Moïse et la prophétie ont été recommandés précieusement aux chrétiens authentiques, pour leur servir de boussole dans l'obscurité des ténèbres du mal.

Ceci en raison de l'esprit d'égarement qui a conduit à l'apostasie doctrinaire, désormais rendue très populaire, parmi toutes ces communautés de prétention chrétienne que la Bible nomme de « *Babylone La Grande La Mère des Impudiques* ! » *Apocalypse 17 : 5.*

Aussi, devons-nous chercher Dieu avec toutes nos forces, nous qui sommes la génération parvenue au terminal de l'histoire de ce monde destiné à sa ruine imminente et éternelle! C'est Jésus seul, qui en a déterminé les conditions de salut pour quiconque veut sincèrement échapper en sortant de ce monde d'impies. Car il le déclare solennellement : « *personne ne peut venir à lui si le Père ne l'attire...* » Cependant une fois venue au Seigneur, sachons également que Jésus ajoute : « *nul ne peut aller à Dieu sans passer par Lui (Jésus)* ». Finalement quel est le but de notre marche chrétienne ? Et qu'est-ce que l'Eglise du Christ ? Peut-elle être une organisation dénominationnelle ? – Les Assemblées chrétiennes doivent-elles dépendre d'une quelconque agence gouvernementale pour prouver qu'elles sont l'Eglise de Christ ?

Alors que les vrais chrétiens s'apprêtent à faire face à la pire persécution de l'histoire sainte, par le « 666 » qui conditionnera bientôt tout Homme, - Nos finances à l'exemple des dimes doivent-elles être engagées pour nous gagner le ciel ? - Le Christ est-il encore présent dans ces dénominations appelées Eglises ? - Qui devrait être à la tête de l'Eglise du

Christ ? - Comment se construisent actuellement les communautés chrétiennes sous le seul Berger, Jésus-Christ ? – L'Eglise de Christ en a-t-elle de responsables visibles ? – Cette Eglise de Christ peut-elle entretenir la corruption ? Peut-elle tant soi peu compromettre notre salut par quelques doctrines non scripturaires ? Quelle Eglise en effet aujourd'hui, est parfaitement en conformité avec la sainte volonté de Christ révélée dans la Bible ?

Pour toutes ces interrogations et tant d'autres qu'on en oublie certainement, la collection *"Que celui qui lit, fasse attention"*, propose exclusivement des réponses bibliques simples et assez complètes suivant chaque thématique abordée. Les réponses à ces questions ci-dessus en énoncé disons-le, ne seront données qu'aux cœurs humbles, voilà pourquoi la présente série chrétiennes *"Que celui qui lise fasse attention "*, est une suite de messages vivants. Ils ont été conçus en tenant compte des besoins spirituels de notre génération, surtout des prophéties dont la Bible, par la révélation et l'enseignement doctrinaire de Christ, des apôtres et des prophètes d'autrefois, nous invite à scruter jour et nuit sans relâche dans une vie de prière, leur accomplissement, afin de nous donner la force de paraitre debout devant le Fils de Dieu, au dernier jour. Voici la promesse de Christ à son Eglise « *A celui qui vaincra, et qui gardera jusqu'à la fin mes œuvres, je donnerai autorité sur les nations.* » Apocalypse 2 : 26

NB: Sauf indication contraire, les références bibliques citées en études, sont tirées de la version des saintes écritures (Louis Second). Et pour chaque thème, vous pouvez consulter le sommaire en page **30** et **32**. Par l'indication ordinale (question-réponse), toute réaction particulière, pourrait susciter un accompagnement biblique personnalisé et/ou communautaire, tant soit peu, que vous vous manifestiez sur notre site internet, par appel téléphonique WhatsApp ou sur notre adresse électronique marquée au bas de chaque page.

L'Eglise vous présente ainsi une série de *« 27 études bibliques »*, complétant autant de messages vidéos, audio, en version électronique téléchargeable sur le site internet *wwwchrétiens-église.org*. Tout ceci pour un égal nombre de livrets, à offrir progressivement, selon que le Seigneur Yahwéh Dieu, y pourvoira avec miséricorde et grâce en Jésus-Christ !

L'ensemble de cette collection est gratuitement offert, afin de respecter l'esprit de Christ qui nous a recommandé d'en faire don, puisque nous l'avons reçu gratuitement :

ALORS IL N'APPARTIENT A PERSONNE DE VENDRE CETTE PAROLE DE DIEU !

Mais au préalable, nous vous invitons à recevoir la lettre de l'Auteur écrite pour vous les lecteurs. Cette lettre pourrait vous servir de feuille de route et de guide pédagogique. Cependant il n'est jamais chrétien de croire que notre Seigneur agira identiquement dans tous les cas, au cours de votre croissance spirituelle, ou du ministère pastoral d'évangélisation à travers vous. C'est pour cette raison qu'une fois de plus, nous vous invitons à demeurer attentif à sa voix spirituelle, au travers du canal infaillible que représente pour quiconque, la lecture assidue de sa parole, la Bible.

LETTRE D'ENCOURAGEMENT DE L'AUTEUR, POUR VOUS !

Frères et sœurs, que la paix de Dieu qui surpasse toute intelligence, garde vos pensées en Jésus-Christ ! ».

Soyez la bienvenue, en empruntant avec l'Eglise, la petite voie très resserrée qui mène dans l'éternité, et dont seul Le Fils de Dieu, en est Le Guide et Le Souverain Berger…

Avant toute chose, nous vous conseillerons durant votre étude biblique, d'être critiques du sens des doctrines que ces saintes lettres aborderont. En cela, vous serez entrain de suivre les recommandations des Apôtres selon Actes 17 : 11. « Ces Juifs avaient des sentiments plus nobles que ceux de Thessalonique ; ils reçurent la parole avec beaucoup d'empressement, et ils examinaient chaque jour les Écritures, pour voir si ce qu'on leur disait était exact. »

Durant votre croissance chrétienne, lisez régulièrement votre Bible. Ecoutez le Saint-Esprit. Partagez cette richesse avec d'autres. Soyez généreux, surtout envers votre entourage. Sachez encourager des initiatives d'étude communautaire. Eprouvez ceux qui par esprit de vaine critique, vous taxeront de sectaire. Luttez sans vous laissez distraire par les ennemis de vos âmes. Simplifiez-vous la vie chrétienne. Assistez les démunies de votre voisinage, à commencer par les membres de votre famille. Impliquez-vous dans des campagnes d'évangélisation publique. Exploitez tous les créneaux de communication, et rependez la bonne nouvelle comme des semeurs de Vie !

N'ignorez personne dans vos prières. Appelez la faveur de Yahwéh Dieu sur ceux qui vous écoutent, mais également sur ceux qui vous résisteront. « N'ayez aucun ennemi..., vivez en paix avec tous..., et soyez en parfait harmonie... », Avec l'ensemble de l'Eglise locale de Christ dans le pays, la ville ou le quartier de vote résidence.

Frères et sœurs, « fuyez le péché » et « soyez saint » car « notre Dieu est Saint. » Et par reconnaissance à Dieu de vous avoir sauvé et envoyé, « chantez-Lui sans cesse des cantiques spirituels sous l'inspiration de son Esprit. »

Comme vous avez « reçu gratuitement », veuillez à ne pas briser cette chaine de solidarité ! Avec de nouveaux disciples, commencez par présentez l'évangile, puis abordez des thèmes doctrinaux en fonction de votre auditoire et de leurs besoins spirituels. Vous pourrez choisir les thèmes qui vous conviennent à vous, en obéissant à la voix du Saint-Esprit. Et comme « l'eunuque Ethiopien » sachez que Christ les rejoindra sur la route quand vous vous mettrez en peine de le leur enseigner, surtout à la jeunesse. Donnez-vous à vos Frères chrétiens « comme une offrande à Dieu », car « la moisson est abondante mais les ouvriers sont peu nombreux. » *Aussi, rappelez-vous de la promesse de Christ dans la parabole des* « *ouvriers de la dernière heure* »

Ainsi « *notre joie sera parfaite* » *de vous savoir en route pour la céleste patrie, étant enfants de Dieu et serviteurs du Christ, si vous avez appris qu'il n'y a* « *pas de plus grand amour, que de donner sa vie pour ceux qu'on aime* »*. De même* « *qu'il y a plus de joie à donner qu'à recevoir* »

Enfin, soyez heureux, en attendant notre Sauveur Jésus, qui « *n'oubliera pas votre participation à la propagation de l'évangile et du message de la vérité* »*. N'ayez de crainte, que de Dieu Lui Seul. Et puis, très vite faite nous part de votre témoignage : des dons que le Saint-Esprit vous aura gratifié, en vue de parfaire le corps du Christ.* « *Soyez bénie en tout point de vue !* »

Alors, « ***BIEN AIMES*** »*, recevez ces études bibliques comme un présent du Seigneur Jésus, transmis par le ministère d'évangélisation depuis son Eglise du Cameroun, par votre dévoué serviteur et modeste frère d'Afrique, qui tient à vous rappeler que Yahwéh Dieu, par son Fils Jésus-Christ, vous aime d'un Amour Eternel. Croyez de même à notre dévouée affection fraternelle, par les arrhes du Saint Esprit. Amen !*

NB: *En fin d'étude biblique, à la (****Page 34****) de ce titre, vous trouverez les différents thèmes proposés dans la collection d'étude*

Biblique " Que celui qui lit fasse attention". Nous rappelons aux lecteurs que cette série d'étude biblique chrétienne est disponible gratuitement pour votre édification au site www.chrétiens-église.org

SAMUEL CAMEROUN, Apôtre du SEIGNEUR JESUS-CHRIST.

cameroun samuel@gmail.com Tel + 237 690600469 ou + 237 679647767

Le texte à lire

Jean 20 : 1- 21

MARIE MAGDALA ET LA RESURECTION DE JESUS CHRIST

Le premier jour de la semaine, Marie de Magdala se rendit au sépulcre dès le matin. (...) Elle courut vers Simon Pierre et vers l'autre disciple que Jésus aimait, et leur dit : Ils ont enlevé du sépulcre le Seigneur, et nous ne savons où ils l'ont mis. Pierre et l'autre disciple ... allèrent au sépulcre. Ils couraient tous deux ensembles. (...) Car ils ne comprenaient pas encore que, selon l'Écriture, Jésus devait ressusciter des morts. (...) Cependant Marie se tenait dehors près du sépulcre, et pleurait. Comme elle pleurait, elle se baissa pour regarder dans le sépulcre ; et elle vit deux anges vêtus de blanc, assis à la place où avait été couché le corps de Jésus, l'un à la tête, l'autre aux pieds. Ils lui dirent : Femme, pourquoi pleures-tu ? Elle leur répondit : Parce qu'ils ont enlevé mon Seigneur, et je ne sais où ils l'ont mis. En disant cela, elle se retourna, et elle vit Jésus debout ; mais elle ne savait pas que c'était Jésus. Jésus lui dit : Femme, pourquoi pleures-tu ? Qui cherches-tu ? Elle, pensant que c'était le jardinier, lui dit : Seigneur, si c'est toi qui l'as emporté, dis-moi où tu l'as mis, et je le prendrai. Jésus lui dit : Marie ! Elle se retourna, et lui dit en hébreu : Rabbouni ! C'est-à-dire, Maître ! Jésus lui dit : Ne me touche pas ; car je ne suis pas encore monté vers mon Père. Mais va trouver mes frères, et dis-leur que je monte vers mon Père et votre Père, vers mon Dieu et votre Dieu. Marie de Magdala alla annoncer aux disciples qu'elle avait vu le Seigneur, et qu'il lui avait dit ces choses. Le soir de ce jour, qui était le premier de la semaine, les portes du lieu où se trouvaient les disciples étant fermées, à cause de la crainte qu'ils avaient des Juifs, Jésus vint, se présenta au milieu d'eux, et leur dit : La paix soit avec vous ! Et quand il eut dit cela, il leur montra ses mains et son côté. Les disciples furent dans la joie en voyant le Seigneur. (...) Comme le Père m'a envoyé, moi aussi je vous envoie. »

INTRODUCTION

LE GLORIEUX ENLEVEMENT SELON L'APOCALYPSE

Le retour de Jésus, revenant pour rassembler les siens, est le grand thème de la Bible. Un verset sur onze dans le nouveau testament, et 2500 dans le Bible entière parle de cet évènement, bien que ce mot ne se trouve pas dans la Bible.

Cet évènement est le but ultime de la prophétie biblique et c'est plus évident dans l'*Apocalypse* que dans toute autre livre biblique. Etudier l'*Apocalypse*, c'est se mettre éminemment au courant du retour de Jésus et de l'enlèvement des Saints. Il est facile de comprendre pourquoi Satan cherche à empêcher les gens de lire l'Apocalypse.

Il est surprenant de se souvenir que lors de sa première venue, comme bébé à Bethléem, tout le monde fut surpris. Personne n'était préparé, et ceci malgré les centaines de prophéties de l'Ancien Testament qui prédisaient ce retour avec une munitie étonnante.

Mais les gens appliquaient faussement les prophéties de la seconde venue et ignoraient celles qui concernaient sa première venue. Aussi, le rejetèrent-ils quand il vint comme le petit garçon d'une famille pauvre.

L'histoire se répète toujours. C'est navrant de le considérer, mais serait-il possible que les Chrétiens soient occupés à mal appliquer les centaines de prophéties qui concernent sa seconde venue ?

Certains seraient-ils en train de se préparer à une surprise impensable ? Parlant de son retour, Jésus avertit clairement. Dans *Mathieu 24 : 4* il dit : *« Prenez garde que personne ne vous séduise »*. Il ajoute que de fausses idées concernant l'enlèvement seront si puissantes et convaincantes que *« s'il était possible même les élus seraient séduits ». Puis il avertit solennellement : « Voici je vous l'ai dit d'avance »*. Aujourd'hui, nous dirons : *« Je vous avais averti »*.

A la lumière de cet avertissement solennel de Jésus, prions maintenant en étudiant ces prophéties pour savoir ce qu'elles révèlent au sujet de cet enlèvement béni.

JESUS REVIENDRA

1. **Comment les anges parle-t-il du retour de Jésus ?**

Actes 9 : 11 « *Il ....de la ....manière* ».

Note:

a. Ils le virent partir – Il sera visible
b. Il partit sur une nuée – Il reviendra sur une nuée
c. Il partit corporellement – Il reviendra corporellement

Son ascension fut donc littérale, visible et corporelle. Son retour le sera aussi.

2. **Que dit l'Apocalypse sur le retour de Jésus ?**

   Apocalypse 1 : 7 « *Voici, il .... Avec les ....* »

3. **Comment Jésus démontre-t-il son amour envers ceux qui l'ont crucifié ?** *Apocalypse 1 : 7*

« *Voici, il vient avec les nuées. Et tout œil le verra, même ceux qui l'ont percé ; et toutes les tribus de la terre se lamenteront à cause de lui. Oui. Amen !* »

4. Que signifie tout œil le verra ? 1 *Théssaloniciens 4 : 14 - 17*

« *Car, si nous croyons que Jésus est mort et qu'il est ressuscité, croyons aussi que Dieu ramènera par Jésus et avec lui ceux qui sont morts. Voici, en effet, ce que nous vous déclarons d'après la parole du Seigneur : nous les vivants, restés pour l'avènement du Seigneur, nous ne devancerons pas ceux qui sont morts. Car le Seigneur lui-même, à un signal donné, à la voix d'un archange, et au son de la trompette de Dieu, descendra du ciel, et les morts en Christ ressusciteront premièrement. Ensuite, nous les vivants, qui seront restés, nous serons tous ensemble enlevés avec eux sur des nuées, à la rencontre du Seigneur dans les airs, et ainsi nous serons toujours avec le Seigneur.* »

5. Combien y a-t-il de résurrection ? *Apocalypse 20 : 4*

« *Et je vis des trônes ; et à ceux qui s'y assirent fut donné le pouvoir de juger. Et je vis les âmes de ceux qui avaient été décapités à cause du témoignage de Jésus et à cause de la parole de Dieu, et de ceux qui n'avaient pas adoré la bête ni son image, et qui n'avaient pas reçu la marque sur leur front et sur leur main. Ils revinrent à la vie, et ils régnèrent avec Christ pendant mille ans.* »

6. Quel est le sort réservé aux incrédules pendant la résurrection des Justes ? *Apocalypse 20 : 5*

« *Les autres morts ne revinrent point à la vie jusqu'à ce que les mille ans fussent accomplis. C'est la première résurrection.* »

7. La Bible énumère combien de résurrections et combien de morts ? *Apocalypse 20 : 6*

« Heureux et saints ceux qui ont part à la première résurrection ! La seconde mort n'a point de pouvoir sur eux ; mais ils seront sacrificateurs de Dieu et de Christ, et ils régneront avec lui pendant mille ans. »

8. Combien de temps durera la sentence de Satan dans l'obscurité du désastre de 1000 ans ? *Apocalypse 20 : 7 – 9*

« Quand les mille ans seront accomplis, Satan sera relâché de sa prison. Et il sortira pour séduire les nations qui sont aux quatre coins de la terre, Gog et Magog, afin de les rassembler pour la guerre ; leur nombre est comme le sable de la mer. Et ils montèrent sur la surface de la terre, et ils investirent le camp des saints et la ville bien-aimée. Mais un feu descendit du ciel, et les dévora. »

9. Le Diable fait-il partir de ceux qui seront détruit dans les flammes de l'enfer ou en est-il l'exécuteur ? *Apocalypse 20 : 10*

« Et le diable, qui les séduisait, fut jeté dans l'étang de feu et de soufre, où sont la bête et le faux prophète. Et ils seront tourmentés jour et nuit, aux siècles des siècles. »

10. Quelles sont les personnes concernées par la vue de Jésus au dernier jour ? *Apocalypse 1 : 7*

« Voici, il vient avec les nuées. Et tout œil le verra, même ceux qui l'ont percé ; et toutes les tribus de la terre se lamenteront à cause de lui. Oui. Amen ! »

11. A la première résurrection quelles personnes en seront concernées ? *1 Théssaloniciens 4 : 16 – 17*

« Car le Seigneur lui-même, à un signal donné, à la voix d'un archange, et au son de la trompette de Dieu, descendra du ciel, et les morts en Christ ressusciteront premièrement. Ensuite, nous les vivants, qui seront restés, nous serons tous ensemble enlevés avec eux sur des nuées, à la rencontre du Seigneur dans les airs, et ainsi nous serons toujours avec le Seigneur. »

12. Doit-on croire que Jésus leur avait garanti le salut aux soldats qui l'ont crucifié ? *Apocalypse 1 : 7*

« Voici, il vient avec les nuées. Et tout œil le verra, même ceux qui l'ont percé ; et toutes les tribus de la terre se lamenteront à cause de lui. Oui. Amen ! »

13. Comment s'exprima la foi d'un des soldats qui l'ont crucifié ? Mathieu 27 : 54

« Le centenier et ceux qui étaient avec lui pour garder Jésus, ayant vu le tremblement de terre et ce qui venait d'arriver, furent saisis d'une grande frayeur, et dirent : Assurément, cet homme était Fils de Dieu. »

14. Quant aux reste des perdus comment seront-ils au retour du Christ ? Apocalypse 17 : 1

« Voici, il vient avec les nuées. Et tout œil le verra, même ceux qui l'ont percé ; et toutes les tribus de la terre se lamenteront à cause de lui. Oui. Amen ! »

15. Quelles tribus seront épargnées de lamentation au retour du Christ et de la fin du monde ?

Apocalypse 7 : 3 – 4 *« Ne faites point de mal à la terre, ni à la mer, ni aux arbres, jusqu'à ce que nous ayons marqué du sceau le front des serviteurs de notre Dieu. Et j'entendis le nombre de ceux qui avaient été marqués du sceau, cent quarante-quatre mille, de toutes les tribus des fils d'Israël… »* Révélation 14 Apocalypse 14 : 1 *« Je regardai, et voici, l'agneau se tenait sur la montagne de Sion, et avec lui cent quarante-quatre mille personnes, qui avaient son nom et le nom de son Père écrit sur leurs fronts. »*

16. Qu'est ce qui porte à croire que Jésus travailla au salut de ses bourreaux ? Luc 23 : 33 - 34

« *Lorsqu'ils furent arrivés au lieu appelé Crâne, ils le crucifièrent là, ainsi que les deux malfaiteurs, l'un à droite, l'autre à gauche. Jésus dit : Père, pardonne-leur, car ils ne savent ce qu'ils font. Ils se partagèrent ses vêtements, en tirant au sort.* »

17. Quelle signification est attribuée aux nuées ? Psaume 104 : 3 – 4 ; 68 : Psaumes 68 : 17 – 18

« *Les chars de l'Éternel se comptent par vingt mille, Par milliers et par milliers ; Le Seigneur est au milieu d'eux, le Sinaï est dans le sanctuaire.* »

Note: Dans Mathieu 25 : 31 Jésus dit que tous les anges de son Père, l'accompagneront. Des myriades d'anges éclatant couvriront le ciel comme le font les nuages.

18. Qui verra Jésus lors de son retour ? Apocalypse 1 : 7

« *Voici, il vient avec les nuées. Et tout œil le verra, même ceux qui l'ont percé ; et toutes les tribus de la terre se lamenteront à cause de lui. Oui. Amen !* ».

Note: C'est trop clair pour être mal compris. Quiconque vivra sur la terre verra Jésus revenir. Ceci inclus les élus comme les perdus. Mathieu 24 : 30 dit bien que « *toutes les tribus de la terre se lamenteront à son apparition.* »

19. Que font les anges à son apparition ?

Mathieu 24 : 31

« Il enverra ses anges avec la trompette retentissante, et ils rassembleront ses élus des quatre vents, depuis une extrémité des cieux jusqu'à l'autre. »

Note: Jésus nous ordonne clairement de ne pas aller voir les faux-Christs. Quand nous désobéiront à un tel ordre, nous nous mettrons en danger et le Diable aura un grand avantage sur nous. Si vous y aller, quand Jésus a dit « *n'y aller pas* », vous êtes en grand danger d'être duper.

INVASION SPATIALE

20. Jésus enseigne-t-il un enlèvement secret ?

a. Mathieu 24 : 27 « *Car, comme l'éclair part de l'orient et se montre jusqu'en occident, ainsi sera l'avènement du Fils de l'homme.* »

Note: Il n'y a rien de secret quand l'éclair éclate.

b. Dans 1 Théssaloniciens 4 : 16 « *Car le Seigneur lui-même, à un signal donné, à la voix d'un archange, et au son de la trompette de Dieu, descendra du ciel, et les morts en Christ ressusciteront premièrement.* » Et dans le Livre de 1 Corinthiens 15 : 51 - 52 Paul dit encore : « *Voici, je vous dis un mystère : nous ne mourrons pas tous, mais tous nous serons changés, en un instant, en un clin d'œil, à la dernière trompette. La trompette sonnera, et les morts ressusciteront incorruptibles, et nous, nous serons changés.* »

Note: Là encore il n'y a rien de secret. En fait Jérémie déclare que le Seigneur rugira d'en haut, cri qui se fera entendre jusqu'aux extrémités de la terre, quand il reviendra. Jérémie 25 : 29 – 31 « *Car voici, dans la ville sur laquelle mon nom est invoqué Je commence à faire du mal ; Et vous, vous resteriez impunis ! Vous ne resterez pas impunis ; Car j'appellerai le glaive sur tous les habitants de la terre, Dit l'Éternel des armées. Et toi, tu leur prophétiseras toutes ces choses, Et tu leur diras : L'Éternel rugira d'en haut ; De sa demeure sainte il fera retentir sa voix ; Il rugira contre le lieu de sa résidence ; Il poussera des cris, comme ceux qui foulent au pressoir, Contre tous les* *habitants de la terre. Le bruit parvient jusqu'à l'extrémité de la terre ; Car l'Éternel est en dispute avec les nations, Il entre en jugement contre toute chair ; Il livre les méchants au glaive, dit l'Éternel.* »

21. Le retour du Christ est-il un évènement qui concerne une partie de la terre ? Jérémie 25 : 32 – 33

« *Ainsi parle l'Éternel des armées : Voici, la calamité va de nation en nation, Et une grande tempête s'élève des extrémités de la terre. Ceux que tuera l'Éternel en ce jour seront étendus D'un bout à l'autre de la terre ; Ils ne seront ni pleurés, ni recueillis, ni enterrés, Ils seront comme du fumier sur la terre.*»

22. Et que dire de ces prétendus pasteurs qui séduisent le peuple par des miracles diaboliques ? Jérémie 25 : 34 – 37

« *Gémissez, pasteurs, et criez ! Roulez-vous dans la cendre, conducteurs de troupeaux ! Car les jours sont venus où vous allez être égorgés. Je vous briserai, et vous tomberez comme un vase de prix. Plus de refuge pour les pasteurs ! Plus de salut pour les conducteurs de troupeaux ! On entend les cris des pasteurs, Les gémissements des conducteurs de troupeaux ; Car l'Éternel ravage leur pâturage. Les habitations paisibles sont détruites Par la colère ardente de l'Éternel.* »

23. Quelle figure présente la terre ? Jérémie 25 : 38

« Il a abandonné sa demeure comme un lionceau sa tanière ; Car leur pays est réduit en désert Par la fureur du destructeur Et par son ardente colère. »

24. Qu'arrive-t-il aux justes lors de l'enlèvement ?

a. 1 Corinthiens 15 : 51 - 52 *« Voici, je vous dis un mystère : nous ne mourrons pas tous, mais tous nous serons changés, en un instant, en un clin d'œil, à la dernière trompette. La trompette sonnera, et les morts ressusciteront incorruptibles, et nous, nous serons changés. »*

b. 1 Théssaloniciens 4 : 16 *« Car le Seigneur lui-même, à un signal donné, à la voix d'un archange, et au son de la trompette de Dieu, descendra du ciel, et les morts en Christ ressusciteront premièrement. »*

c. 1 Théssaloniciens 4 : 17 *« Ensuite, nous les vivants, qui seront restés, nous serons tous ensemble enlevés avec eux sur des nuées, à la rencontre du Seigneur dans les airs, et ainsi nous serons toujours avec le Seigneur. »*

Note: Quand Jésus revient, les justes morts, ressuscitent avec des corps nouveaux, immortels. Quant aux justes vivants, nous serons enlevés avec eux pour rencontrer le Seigneur dans les nuées d'anges, lesquels remplissent le ciel d'une gloire indescriptible.

25. Quel genre de corps les saints auront-nous ?

a. Philippines 3 : 20 – 21 « *Mais notre cité à nous est dans les cieux, d'où nous attendons aussi comme Sauveur le Seigneur Jésus Christ, qui transformera le corps de notre humiliation, en le rendant semblable au corps de sa gloire, par le pouvoir qu'il a de s'assujettir toutes choses.* »

b. Luc 24 : 36 – 45 « *Tandis qu'ils parlaient de la sorte, lui-même se présenta au milieu d'eux, et leur dit : La paix soit avec vous ! Saisis de frayeur et d'épouvante, ils croyaient voir un esprit. Mais il leur dit : Pourquoi êtes-vous troublés, et pourquoi pareilles pensées s'élèvent-elles dans vos cœurs ? Voyez mes mains et mes pieds, c'est bien moi ; touchez-moi et voyez : un esprit n'a ni chair ni os, comme vous voyez que j'ai. Et en disant cela, il leur montra ses mains et ses pieds. Comme, dans leur joie, ils ne croyaient point encore, et qu'ils étaient dans l'étonnement, il leur dit : Avez-vous ici quelque chose à manger ? Ils lui présentèrent du poisson rôti et un rayon de miel. Il en prit, et il mangea devant eux. Puis il leur dit : C'est là ce que je vous disais lorsque j'étais encore avec vous, qu'il fallait que s'accomplît tout ce qui est écrit de moi dans la loi de Moïse, dans les prophètes, et dans les psaumes. Alors il leur ouvrit l'esprit, afin qu'ils comprissent les Écritures.* »

26. Quels corps des saints pouvons-nous penser furent ressuscités lors de la mort de Jésus-Christ ? Exode 13 : 19

« Moïse prit avec lui les os de Joseph ; car Joseph avait fait jurer les fils d'Israël, en disant : Dieu vous visitera, et vous ferez remonter avec vous mes os loin d'ici.» Genèse 23 : 19 – 20 *« Après cela, Abraham enterra Sara, sa femme, dans la caverne du champ de Macpéla, vis-à-vis de Mamré, qui est Hébron, dans le pays de Canaan. Le champ et la caverne qui y est demeurèrent à Abraham comme possession sépulcrale, acquise des fils de Heth. »*

27. Comment furent-ils ressuscités ? Mathieu 27 : 50 - 54

« Jésus poussa de nouveau un grand cri, et rendit l'esprit. Et voici, le voile du temple se déchira en deux, depuis le haut jusqu'en bas, la terre trembla, les rochers se fendirent, les sépulcres s'ouvrirent, et plusieurs corps des saints qui étaient morts ressuscitèrent. Étant sortis des sépulcres, après la résurrection de Jésus, ils entrèrent dans la ville sainte, et apparurent à un grand nombre de personnes. Le centenier et ceux qui étaient avec lui pour garder Jésus, ayant vu le tremblement de terre et ce qui venait d'arriver, furent saisis d'une grande frayeur, et dirent : Assurément, cet homme était Fils de Dieu. »

28. A son retour, Jésus foulera-t-il de nouveau la terre de ses pieds, ou reste-t-il dans les airs ?

1 Théssaloniciens 4 : 17 « *Ensuite, nous les vivants, qui seront restés, nous serons tous ensemble enlevés avec eux sur des nuées, à la rencontre du Seigneur dans les airs, et ainsi nous serons toujours avec le Seigneur.* »

Note: Jésus a promis de venir chercher son peuple pour le prendre avec lui dans les cieux. *Jean 14 : 1 – 3*. Il n'a jamais promis qu'il règnerait immédiatement (après son retour) sur la terre dans son état de péché ; Jean voit les rachetés devant le trône céleste ou Jésus les a conduits après les avoir rencontré dans les airs. *Apocalypse 7 : 9 – 10* « *Après cela, je regardai, et voici, il y avait une grande foule, que personne ne pouvait compter, de toute nation, de toute tribu, de tout peuple, et de toute langue. Ils se tenaient devant le trône et devant l'agneau, revêtus de robes blanches, et des palmes dans leurs mains.* »

DES FAUX CHRISTS APPARAITRONT

29. Comment pourrez-vous identifier un imposteur ?

Note: Imaginons qu'à Jérusalem, un être glorieux apparaisse soudain, proclamant être Christ et correspondant à la description de Jésus dans *Apocalypse 1 : 13 – 17* « *et, au milieu des sept chandeliers, quelqu'un qui ressemblait à un fils d'homme, vêtu d'une longue robe, et ayant une ceinture d'or sur la poitrine. Sa tête et ses cheveux étaient blancs comme de la laine blanche, comme de la neige ; ses yeux étaient comme une flamme de feu ; ses pieds étaient semblables à de l'airain ardent, comme s'il eût été embrasé dans une fournaise ; et sa voix était comme le bruit de grandes eaux. Il avait dans sa main droite sept étoiles. De sa bouche sortait une épée aiguë, à deux tranchants ; et son visage était comme le soleil lorsqu'il brille dans sa force. Quand je le vis, je tombai à ses pieds comme mort. Il posa sur moi sa main droite en disant : Ne crains point !* »

Note: Il se met à prêcher les belles vérités bibliques avec puissance, appelant le feu du ciel sur la terre, guérissant les malades, arrêtant les guerres, lisant dans les pensées, bénissant les enfants etc...

30. Quelle serait votre réaction ?

Réponse :

....

31. Comment saurons-nous qu'il s'agit d'un faux Christ ? 1 Théssaloniciens 4 : 9 -18

« *Pour ce qui est de l'amour fraternel, vous n'avez pas besoin qu'on vous en écrive ; car vous avez vous-mêmes appris de Dieu à vous aimer les uns les autres, et c'est aussi ce que vous faites envers tous les frères dans la Macédoine entière. Mais nous vous exhortons, frères, à abonder toujours plus dans cet amour, et à mettre votre honneur à vivre tranquilles, à vous occuper de vos propres affaires, et à travailler de vos mains, comme nous vous l'avons recommandé, en sorte que vous vous conduisiez honnêtement envers ceux du dehors, et que vous n'ayez besoin de personne. Nous ne voulons pas, frères, que vous soyez dans l'ignorance au sujet de ceux qui dorment, afin que vous ne vous affligiez pas comme les autres qui n'ont point d'espérance. Car, si nous croyons que Jésus est mort et qu'il est ressuscité, croyons aussi que Dieu ramènera par Jésus et avec lui ceux qui sont morts. Voici, en effet, ce que nous vous déclarons d'après la parole du Seigneur : nous les vivants, restés pour l'avènement du Seigneur, nous ne devancerons pas ceux qui sont morts. Car le Seigneur lui-même, à un signal donné, à la voix d'un archange, et au son de la trompette de Dieu, descendra du ciel, et les morts en Christ ressusciteront premièrement. Ensuite, nous les vivants, qui seront restés, nous serons tous ensemble enlevés avec eux sur des nuées, à la rencontre du Seigneur dans les airs, et ainsi nous serons toujours avec le Seigneur. Consolez-vous donc les uns les autres par ces paroles.* »

Note: Parce que lors de son retour Jésus apparait dans les airs et non sur la terre.

SATAN ET SES MINISTRES SE MASQUANT COMME CHRIST EN SIMULANT SES POUVOIR POUR PERDRE LES HOMMES

32. Cette mascarade aura-t-elle lieu en cette fin du monde, et comment ?

Note: Oui. Nous devons nous souvenir que le Diable :

a) **APPARAIT COMME UN ANGE DE LUMIERE** ; 2 Corinthiens 11 : 14 – 15 « *Et cela n'est pas étonnant, puisque Satan lui-même se déguise en ange de lumière. Il n'est donc pas étrange que ses ministres aussi se déguisent en ministres de justice. Leur fin sera selon leurs œuvres.* »

b) **FAIT DES MIRACLES** ; Apocalypse 16 : 14 « *Car ce sont des esprits de démons, qui font des prodiges, et qui vont vers les rois de toute la terre, afin de les rassembler pour le combat du grand jour du Dieu tout puissant.* », 2 Théssaloniciens 2 : 9 – 12 « *L'apparition de cet impie se fera, par la puissance de Satan, avec toutes sortes de miracles, de signes et de prodiges mensongers, et avec toutes les séductions de l'iniquité pour ceux qui périssent parce qu'ils n'ont pas reçu l'amour de la vérité pour être sauvés. Aussi Dieu leur envoie une puissance* *d'égarement, pour qu'ils croient au mensonge, afin que tous ceux qui n'ont pas cru à la vérité, mais qui ont pris plaisir à l'injustice, soient condamnés.* »

c) FAIT DESCENDRE LE FEU DU CIEL : Apocalypse 13 : 13 -18 « *Elle opérait de grands prodiges, même jusqu'à faire descendre du feu du ciel sur la terre, à la vue des hommes. Et elle séduisait les habitants de la terre par les prodiges qu'il lui était donné d'opérer en présence de la bête, disant aux habitants de la terre de faire une image à la bête qui avait la blessure de l'épée et qui vivait. Et il lui fut donné d'animer l'image de la bête, afin que l'image de la bête parlât, et qu'elle fît que tous ceux qui n'adoreraient pas l'image de la bête fussent tués. Et elle fit que tous, petits et grands, riches et pauvres, libres et esclaves, reçussent une marque sur leur main droite ou sur leur front, et que personne ne pût acheter ni vendre, sans avoir la marque, le nom de la bête ou le nombre de son nom. C'est ici la sagesse. Que celui qui a de l'intelligence calcule le nombre de la bête. Car c'est un nombre d'homme, et son nombre est six cent soixante-six.* »

d) UTILISE LES SAINTES ECRITURES ; Mathieu 4 : 5 – 7 « *Le diable le transporta dans la ville sainte, le plaça sur le haut du temple, et lui dit : Si tu es Fils de Dieu, jette-toi en bas ; car il est écrit : Il donnera des ordres à ses anges à ton sujet ; Et ils te porteront sur les mains, De peur que ton pied ne heurte contre* *une pierre. Jésus lui dit : Il est aussi écrit : Tu ne tenteras point le Seigneur, ton Dieu.* »

e) EST BEAU ET SAGE ; Ezéchiel 28 : 12 – 19 « *Fils de l'homme, Prononce une complainte sur le roi de Tyr ! Tu lui diras : Ainsi parle le Seigneur, l'Éternel : Tu mettais le sceau à la perfection, Tu étais plein de sagesse, parfait en beauté. Tu étais en Éden, le jardin de Dieu ; Tu étais couvert de toute espèce de pierres précieuses, De sardoine, de topaze, de diamant, De chrysolithe, d'onyx, de jaspe, De saphir, d'escarboucle, d'émeraude, et d'or ; Tes tambourins et tes flûtes étaient à ton service, Préparés pour le jour où tu fus créé. Tu étais un chérubin protecteur, aux ailes déployées ; Je t'avais placé et tu étais sur la sainte montagne de Dieu ; Tu marchais au milieu des pierres étincelantes. Tu as été intègre dans tes voies, Depuis le jour où tu fus créé Jusqu'à celui où l'iniquité a été trouvée chez toi. Par la grandeur de ton commerce Tu as été rempli de violence, et tu as péché ; Je te précipite de la montagne de Dieu, Et je te fais disparaître, chérubin protecteur, Du milieu des pierres étincelantes. Ton cœur s'est élevé à cause de ta beauté, Tu as corrompu ta sagesse par ton éclat ; Je te jette par terre, Je te livre en spectacle aux rois. Par la multitude de tes iniquités, Par l'injustice de ton commerce, Tu as profané tes sanctuaires ; Je fais sortir du milieu de toi un feu qui te dévore, Je te réduis en cendre sur la terre, Aux yeux de tous ceux qui te regardent. Tous ceux qui te connaissent parmi les peuples Sont dans la stupeur à cause de toi ; Tu es réduit au néant, tu ne seras plus à jamais !* »

33. Sera-t-il sécuritaire d'aller voir un faux Christ ?

Mathieu 24 : 23 – 26 « *Si quelqu'un vous dit alors : Le Christ est ici, où : Il est là, ne le croyez pas. Car il s'élèvera de faux Christs et de faux prophètes ; ils feront de grands prodiges et des miracles, au point de séduire, s'il était possible, même les élus. Voici, je vous l'ai annoncé d'avance. Si donc on vous dit : Voici, il est dans le désert, n'y allez pas ; voici, il est dans les chambres, ne le croyez pas.* »

Note: Non Jésus dit : « *N'y allez pas.* » Jésus nous ordonne clairement de ne pas aller voir de faux-Christs. Quand nous désobéiront à un tel ordre, nous nous mettrons en danger et le Diable à un grand avantage sur nous. Si vous y aller quand Jésus a dit « *n'y aller pas* », vous êtes en grand danger d'être dupés.

LE ROI VIENT

34. Que feront les Méchants lors de l'enlèvement ?

Apocalypse 6 : 14 – 17

« Le ciel se retira comme un livre qu'on roule ; et toutes les montagnes et les îles furent remuées de leurs places. Les rois de la terre, les grands, les chefs militaires, les riches, les puissants, tous les esclaves et les hommes libres, se cachèrent dans les cavernes et dans les rochers des montagnes. Et ils disaient aux montagnes et aux rochers : Tombez sur nous, et cachez-nous devant la face de celui qui est assis sur le trône, et devant la colère de l'agneau ; car le grand jour de sa colère est venu, et qui peut subsister ? »

35. Qu'arrive-t-il aux méchants lors de l'enlèvement ?

2 Thessaloniciens 1 : 6 – 10 « Car il est de la justice de Dieu de rendre l'affliction à ceux qui vous affligent, et de vous donner, à vous qui êtes affligés, du repos avec nous, lorsque le Seigneur Jésus apparaîtra du ciel avec les anges de sa puissance, au milieu d'une flamme de feu, pour punir ceux qui ne connaissent pas Dieu et ceux qui n'obéissent pas à l'Évangile de notre Seigneur Jésus. Ils auront pour châtiment une ruine éternelle, loin de la face du Seigneur et de la gloire de sa force, lorsqu'il viendra pour être, en ce jour-là, glorifié dans ses saints et admiré dans tous ceux qui auront cru, car notre témoignage auprès de vous a été cru. » Esaïe 11 : 4 « *Mais il jugera les pauvres avec équité, Et il prononcera avec droiture sur les malheureux de la terre ; Il frappera la terre de sa parole comme d'une verge, Et du souffle de ses lèvres il fera mourir le méchant.* »

36. Pourquoi Dieu ne donne-t-il pas une seconde chance aux méchants ? 2 Thessaloniciens 2 : 10 – 12

« *Et avec toutes les séductions de l'iniquité pour ceux qui périssent parce qu'ils n'ont pas reçu l'amour de la vérité pour être sauvés. Aussi Dieu leur envoie une puissance d'égarement, pour qu'ils croient au mensonge, afin que tous ceux qui n'ont pas cru à la vérité, mais qui ont pris plaisir à l'injustice, soient condamnés.* »

Note: Les perdus méprisaient aussi une seconde chance. Ils se révoltaient à nouveau, à cause de leurs cœurs méchants. Ils ont défié Dieu en décidant de Lui désobéir, même après que Dieu leur ait révéler son merveilleux amour par son Fils Jésus-Christ. En fait, ils seraient malheureux dans le ciel, car leurs vies sont en total désharmonie avec l'amour de Dieu et sa vérité.

37. Comment sera la gloire après l'enlèvement ?

Luc 9 : 26 « *Car quiconque aura honte de moi et de mes paroles, le Fils de l'homme aura honte de lui, quand il viendra dans sa gloire, et dans celle du Père et des saints anges.* »

Note: La gloire d'un seul ange suffit à faire s'effondrer comme morte toute la garde romaine devant le tombeau de Jésus. Mathieu 28 : 2 – 4. Essaie alors de visualiser la gloire de milliards d'anges, plus celle de Dieu le Père et celle de Jésus le Fils. Oui Jésus revient avec puissance et gloire.

38. Que feront aux nations Christ et ses armées ?

Apocalypse 19 : 11 – 16 « *Puis je vis le ciel ouvert, et voici, parut un cheval blanc. Celui qui le montait s'appelle Fidèle et Véritable, et il juge et combat avec justice. Ses yeux étaient comme une flamme de feu ; sur sa tête étaient plusieurs diadèmes ; il avait un nom écrit, que personne ne connaît, si ce n'est lui-même ; et il était revêtu d'un vêtement teint de sang. Son nom est la Parole de Dieu. Les armées qui sont dans le ciel le suivaient sur des chevaux blancs, revêtues d'un fin lin, blanc, pur. De sa bouche sortait une épée aiguë, pour frapper les nations ; il les paîtra avec une verge de fer ; et il foulera la cuve du vin de l'ardente colère du Dieu tout puissant. Il avait sur son vêtement et sur sa cuisse un nom écrit : Roi des rois et Seigneur des seigneurs.* »

Note: Toutes les puissances mauvaises de la terre seront détruites.

QUEL JOUR GLORIEUX

39. Quel est le but principal du retour de Jésus ?

Jean 14 : 23 « *Jésus lui répondit : Si quelqu'un m'aime, il gardera ma parole, et mon Père l'aimera ; nous viendrons à lui, et nous ferons notre demeure chez lui.* »

Note: Jésus et le Père nous attendent impatiemment de nous voir revenir à la maison. Quelle joie inondera ce jour merveilleux !

Voici quelques-unes des choses que nous vivrons :

a. **Les retrouvailles avec les amis et les biens aimés** ; 1 Théssaloniciens 4 : 16- 18 « *Car le Seigneur lui-même, à un signal donné, à la voix d'un archange, et au son de la trompette de Dieu, descendra du ciel, et les morts en Christ ressusciteront premièrement. Ensuite, nous les vivants, qui seront restés, nous serons tous ensemble enlevés avec eux sur des nuées, à la rencontre du Seigneur dans les airs, et ainsi nous serons toujours avec le Seigneur. Consolez-vous donc les uns les autres par ces paroles.* »

b. **Les aveugles verront, les sourds entendront, les paralysés marcheront, les muets chanteront,** Esaïe 35 : 3 - 6 « *Dites à ceux qui ont le cœur troublé : Prenez courage, ne craignez point ;*

Voici votre Dieu, la vengeance viendra, La rétribution de Dieu ; Il viendra lui-même, et vous sauvera. Alors s'ouvriront les yeux des aveugles, S'ouvriront les oreilles des sourds ; Alors le boiteux sautera comme un cerf, Et la langue du muet éclatera de joie. Car des eaux jailliront dans le désert, Et des ruisseaux dans la solitude ; Le mirage se changera en étang Et la terre desséchée en sources d'eaux ; Dans le repaire qui servait de gîte aux chacals, Croîtront des roseaux et des joncs. Il y aura là un chemin frayé, une route, Qu'on appellera la voie sainte ; Nul impur n'y passera ; elle sera pour eux seuls ; Ceux qui la suivront, même les insensés, ne pourront s'égarer. Sur cette route, point de lion ; Nulle bête féroce ne la prendra, Nulle ne s'y rencontrera ; Les délivrés y marcheront. Les rachetés de l'Éternel retourneront, Ils iront à Sion avec chants de triomphe, Et une joie éternelle couronnera leur tête ; L'allégresse et la joie s'approcheront, La douleur et les gémissements s'enfuiront. »

c. **Plus de morts, de souffrances, de larmes, de peines** ; Apocalypse 21 : 3 – 5 « *Et j'entendis du trône une forte voix qui disait : Voici le tabernacle de Dieu avec les hommes ! Il habitera avec eux, et ils seront son peuple, et Dieu lui-même sera avec eux. Il essuiera toute larme de leurs yeux, et la mort ne sera plus, et il n'y aura plus ni deuil, ni cri, ni douleur, car les premières choses ont disparu. Et celui qui était assis sur le trône dit : Voici, je fais toutes choses nouvelles. Et il dit : Écris ; car ces paroles sont certaines et véritables.* »

40. Comment Paul appel-t-il la seconde venue de Christ ? Tite 2 : 13 « *en attendant la bienheureuse espérance, et la manifestation de la gloire du grand Dieu et de notre Sauveur Jésus Christ* »

Note: Jésus reviendra surement certainement, c'est la bienheureuse espérance du peuple de Dieu.

41. Quelqu'un peut-il connaitre la date du retour de Jésus ? Mathieu 24 : 36

« *Pour ce qui est du jour et de l'heure, personne ne le sait, ni les anges des cieux, ni le Fils, mais le Père seul.* »

42. De quoi pouvons-nous être certain quand à ce retour ? Mathieu 24 : 32 – 33

« *Instruisez-vous par une comparaison tirée du figuier. Dès que ses branches deviennent tendres, et que les feuilles poussent, vous connaissez que l'été est proche. De même, quand vous verrez toutes ces choses, sachez que le Fils de l'homme est proche, à la porte.* »

Note: Lisez Mathieu « 24 » et vous découvrirez quelques-uns des signes et la condition du monde qui, selon Jésus, serviront à identifier le moment de son avènement. Ces signes s'accomplissent sous nos yeux. Le retour de Jésus est proche. Il est au seuil de la porte.

VOTRE ETERNELLE RECOMPENSE

43. Comment chacun sera-t-il récompensé en ce jour-là ? *Apocalypse 22 : 12*

« Voici, je viens bientôt, et ma rétribution est avec moi, pour rendre à chacun selon ce qu'est son œuvre. »

Note: La Bible est claire. Les gens sont récompensés selon leurs œuvres.

44. Quel avertissement Jésus donne-t-il dans *Mathieu 24 : 44* **?** *« C'est pourquoi, vous aussi, tenez-vous prêts, car le Fils de l'homme viendra à l'heure où vous n'y penserez pas. »*

45. Si Jésus revenait cette nuit seriez-vous prêt ?

Réponse : ....

CONCLUSION

1 Corinthiens 15 : 35 – 58 « *Mais quelqu'un dira : Comment les morts ressuscitent-ils, et avec quel corps reviennent-ils ? Insensé ! ce que tu sèmes ne reprend point vie, s'il ne meurt. Et ce que tu sèmes, ce n'est pas le corps qui naîtra ; c'est un simple grain, de blé peut-être, ou de quelque autre semence ; puis Dieu lui donne un corps comme il lui plaît, et à chaque semence il donne un corps qui lui est propre. Toute chair n'est pas la même chair ; mais autre est la chair des hommes, autre celle des quadrupèdes, autre celle des oiseaux, autre celle des poissons. Il y a aussi des corps célestes et des corps terrestres ; mais autre est l'éclat des corps célestes, autre celui des corps terrestres. Autre est l'éclat du soleil, autre l'éclat de la lune, et autre l'éclat des étoiles ; même une étoile diffère en éclat d'une autre étoile. Ainsi en est-il de la résurrection des morts. Le corps est semé corruptible ; il ressuscite incorruptible ; il est semé méprisable, il ressuscite glorieux ; il est semé infirme, il ressuscite plein de force ; il est semé corps animal, il ressuscite corps spirituel. S'il y a un corps animal, il y a aussi un corps spirituel. C'est pourquoi il est écrit : Le premier homme, Adam, devint une âme vivante. Le dernier Adam est devenu un esprit vivifiant. Mais ce qui est spirituel n'est pas le premier, c'est ce qui est animal ; ce qui est spirituel vient ensuite. Le premier homme, tiré de la terre, est terrestre ; le second homme est du ciel. Tel est le terrestre, tels sont aussi les terrestres ; et tel est le céleste, tels sont aussi les célestes. Et de même que nous avons porté l'image du terrestre, nous porterons*

aussi l'image du céleste. Ce que je dis, frères, c'est que la chair et le sang ne peuvent hériter le royaume de Dieu, et que la corruption n'hérite pas l'incorruptibilité. Voici, je vous dis un mystère : nous ne mourrons pas tous, mais tous nous serons changés, en un instant, en un clin d'œil, à la dernière trompette. La trompette sonnera, et les morts ressusciteront incorruptibles, et nous, nous serons changés. Car il faut que ce corps corruptible revête l'incorruptibilité, et que ce corps mortel revête l'immortalité. Lorsque ce corps corruptible aura revêtu l'incorruptibilité, et que ce corps mortel aura revêtu l'immortalité, alors s'accomplira la parole qui est écrite : La mort a été engloutie dans la victoire. O mort, où est ta victoire ? O mort, où est ton aiguillon ? L'aiguillon de la mort, c'est le péché ; et la puissance du péché, c'est la loi. Mais grâces soient rendues à Dieu, qui nous donne la victoire par notre Seigneur Jésus Christ ! Ainsi, mes frères bien-aimés, soyez fermes, inébranlables, travaillant de mieux en mieux à l'œuvre du Seigneur, sachant que votre travail ne sera pas vain dans le Seigneur. »

SOMMAIRE

AVANT PROPOS

LETTRE D'ENCOURAGMERNT DE L'AUTEUR POUR VOUS

TEXTE INTRODUCTIF

JESUS REVIENDRA

1. Comment les anges parle-t-il du retour de Jésus ? Actes 9 : 11
2. Que dit l'Apocalypse sur le retour de Jésus ? Apocalypse 1 : 7
3. Comment Jésus démontre-t-il son amour envers ceux qui l'ont crucifié ? *Apocalypse 1 : 7*
4. Que signifie tout œil le verra ? 1 *Théssaloniciens 4 : 14 - 17*
5. Combien y a-t-il de résurrection ? *Apocalypse 20 : 4*
6. Quel est le sort réservé aux incrédules pendant la résurrection des Justes ? *Apocalypse 20 : 5*
7. La Bible énumère combien de résurrections et combien de morts ? *Apocalypse 20 : 6*
8. Combien de temps durera la sentence de Satan dans l'obscurité du désastre de 1000 ans ? *Apocalypse 20 : 7 – 9*
9. Le Diable fait-il partir de ceux qui seront détruit dans les flammes de l'enfer ou en est-il l'exécuteur ? *Apocalypse 20 : 10*
10. Quelles sont les personnes concernées par la vue de Jésus au dernier jour ? *Apocalypse 1 : 7*

11. A la première résurrection quelles personnes en seront concernées ? *1 Théssaloniciens 4 : 16 – 17*
12. Doit-on croire que Jésus leur avait garanti le salut aux soldats qui l'ont crucifié ? *Apocalypse 1 : 7*
13. Comment s'exprima la foi d'un des soldats qui l'ont crucifié ? *Mathieu 27 : 54*
14. Quant aux reste des perdus comment seront-ils au retour du Christ ? *Apocalypse 17 : 1*
15. Quelles tribus seront épargnées de lamentation au retour du Christ et de la fin du monde ? *Apocalypse 7 : 3 – 4*
16. Qu'est ce qui porte à croire que Jésus travailla au salut de ses bourreaux ? *Luc 23 : 33 - 34*
17. Quelle signification est attribuée aux nuées ? *Psaume 104 : 3 – 4 ; 68 : Psaumes 68 : 17 – 18*
18. Qui verra Jésus lors de son retour ? *Apocalypse 1 : 7*
19. Que font les anges à son apparition ? *Mathieu 24 : 31*

INVASION SPATIALE

20. Jésus enseigne-t-il un enlèvement secret ? *Mathieu 24 : 27*
21. Le retour du Christ est-il un évènement qui concerne une partie de la terre ? *Jérémie 25 : 32 – 33*
22. Et que dire de ces prétendus pasteurs qui séduisent le peuple par des miracles diaboliques ? *Jérémie 25 : 34 – 37*
23. Quelle figure présente la terre ? *Jérémie 25 : 38*
24. Qu'arrive-t-il aux justes lors de l'enlèvement ? *1 Corinthiens 15 : 51 - 52*
25. Quel genre de corps les saints auront-nous ? *Philippines 3 : 20 – 21*

26. Quels corps des saints pouvons-nous penser furent ressuscités lors de la mort de Jésus-Christ ? *Exode 13 : 19*

27. Comment furent-ils ressuscités ? *Mathieu 27 : 50 - 54*

28. A son retour, Jésus foulera-t-il de nouveau la terre de ses pieds, ou reste-t-il dans les airs ? *1 Théssaloniciens 4 : 17*

DES FAUX CHRISTS APPARAITRONT

29. Comment pourrez-vous identifier un imposteur ?

30. Quelle serait votre réaction ?

Réponse :

……………………………………………………………………

31. Comment saurons-nous qu'il s'agit d'un faux Christ ? *1 Théssaloniciens 4 : 9 -18*

SATAN ET SES MINISTRES SE MASQUANT COMME CHRIST EN SIMULANT SES POUVOIR POUR PERDRE LES HOMMES

32. Cette mascarade aura-t-elle lieu en cette fin du monde, et comment ?

APPARAIT COMME UN ANGE DE LUMIERE ; *2 Corinthiens 11 : 14 – 15*

FAIT DES MIRACLES ; *Apocalypse 16 : 14*

FAIT DESCENDRE LE FEU DU CIEL : *Apocalypse 13 : 13 - 18*

UTILISE LES SAINTES ECRITURES ; *Mathieu 4 : 5 – 7*

EST BEAU ET SAGE ; *Ezéchiel 28 : 12 – 19*

33. Sera-t-il sécuritaire d'aller voir un faux Christ ? *Mathieu 24 : 23 – 26*

LE ROI VIENT

34. Que feront les Méchants lors de l'enlèvement ? *Apocalypse 6 : 14 – 17*

35. Qu'arrive-t-il aux méchants lors de l'enlèvement ? *2 Théssaloniciens 1 : 6 – 10*

36. Pourquoi Dieu ne donne-t-il pas une seconde chance aux méchants ? *2 Théssaloniciens 2 : 10 – 12*

37. Comment sera la gloire après l'enlèvement ? *Luc 9 : 26*

38. Que feront aux nations Christ et ses armées ? *Apocalypse 19 : 11 – 16*

QUEL JOUR GLORIEUX

39. Quel est le but principal du retour de Jésus ? *Jean 14 : 23*

Les retrouvailles avec les amis et les biens aimés ; *1 Théssaloniciens 4 : 16- 18*

Les aveugles verront, les sourds entendront, les paralysés marcheront, les muets chanteront, *Esaïe 35 : 3 - 6*

Plus de morts, de souffrances, de larmes, de peines ; *Apocalypse 21 : 3 – 5*

40. Comment Paul appel-t-il la seconde venue de Christ ? *Tite 2 : 13*

41. Quelqu'un peut-il connaitre la date du retour de Jésus ? *Mathieu 24 : 36*

42. De quoi pouvons-nous être certain quand à ce retour ? *Mathieu 24 : 32 – 33*

VOTRE ETERNELLE RECOMPENSE

43. Comment chacun sera-t-il récompensé en ce jour-là ? *Apocalypse 22 : 12*

44. Quel avertissement Jésus donne-t-il dans *Mathieu 24 : 44* ?

*45.*Si Jésus revenait cette nuit seriez-vous prêt ?

*46.*Réponse :

………………………………………………………………………

CONCLUSION *1 Corinthiens 15 : 35 – 58*

DANS LA MEME COLLECTION D'ETUDE BIBLIQUE :

1. LE BAPTEME DE JESUS-CHRIST, L'ONCTION DU SAINT DES SAINTS.
2. LA PURIFICATION DU SANCTUAIRE, SATAN EST CHASSE HORS DU CIEL.
3. LA FIN DU MONDE DANS LA BIBLE ET LE SIGNE DE LA BETE, LE « 666 ».
4. LE GRAND SIGNE DE LA BETE, LE (666) REVELE.
5. COMMENT LES HOMMES ONT-ILS DEJA PRIS LE (666) LE SIGNE DE LA BETE SUR LE FRONT ?
6. COMMENT LES HOMMES ONT-ILS DEJA PRIS LE (666) LE SIGNE DE LA BETE SUR LA MAIN ?
7. LES DIX COMMANDEMENTS DE DIEU ET LE SALUT EN JESUS-CHRIST.
8. LA DIME, LE PECHE DE JUDAS DANS L'EGLISE CONTEMPORAINE APOSTASIEE.
9. QUELS SONT LES AUTRES SIGNES DE LA BETE ?
10. LE FONCTIONNEMENT DE L'EGLISE APOSTAT.
11. LE PARADIS ET L'ESPERANCE CHRETIENNE.
12. L'EGLISE, LES CHRETIENS.
13. QUI EST LE VRAI DIEU ?
14. IL YA UN SEUL DIEU !
15. IL YA UN SEUL SEIGNEUR !

16. IL YA UN SEUL ESPRIT !

17. IL YA UNE SEULE FOI !

18. IL YA UNE SEULE ESPERANCE !

19. IL YA UN SEUL CORPS !

20. IL YA UN SEUL BAPTEME !

21. LE SCEAU DE DIEU DANS L'APOCALYPSE.

22. LE SCEAU DU DIABLE DANS L'APOCALYPSE.

23. LE JOUR OU LE VATICAN, LA GRANDE PROSTITUEE, LA MERE DES IMPUDIQUES SERA DETRUITE.

24. VOICI LE GRAND SIGNE DE LA FIN DES TEMPS, ET DU RETOUR DE JESUS-CHRIST.

25. LE MOUVEMENT ISLAMIQUE DECRIT DANS LE LIVRE DE L'APOCALYPSE.

26. LA DERNIERE EGLISE, LES 144 000, LE RETOUR DU SEIGNEUR JESUS-CHRIST, ET L'ETERNITE.

27. VINGT ET SEPTIEME ECRITURE : LE TEMOIGNAGE ! VIE ET TEMOIGNAGES CHRETIEN !

Printed by Books on Demand GmbH, Norderstedt / Germany